浙江省电力条例

中国法制出版社

浙江省电力条例

ZHEJIANG SHENG DIANLI TIAOLI

经销/新华书店

印刷/河北华商印刷有限公司

开本/850 毫米×1168 毫米 32 开　　印张/1　字数/14 千

版次/2023 年 6 月第 1 版　　2023 年 6 月第 1 次印刷

中国法制出版社出版

书号 ISBN 978-7-5216-3677-2　　定价：4.00 元

北京市西城区西便门西里甲 16 号西便门办公区

邮政编码：100053　　传真：010-63141600

网址：http：//www.zgfzs.com　　编辑部电话：010-63141673

市场营销部电话：010-63141612　　印务部电话：010-63141606

目　　录

浙江省第十三届人民代表大会常务委员会
公　告

第 79 号

《浙江省电力条例》已于 2022 年 9 月 29 日经浙江省第十三届人民代表大会常务委员会第三十八次会议通过，现予公布，自 2023 年 1 月 1 日起施行。

浙江省人民代表大会常务委员会

2022 年 9 月 29 日

浙江省电力条例

（2022 年 9 月 29 日浙江省第十三届人民代表大会常务委员会第三十八次会议通过）

目　　录

第一章　总　　则

第一条　为了促进电力事业发展，保障电力系统建设和电力安全运行，维护电力投资者、经营者和使用者的合法权益，促进高质量发展建设共同富裕示范区，根据《中华人民共和国电力法》《中华人民共和国可再生能源法》和《电力供应与使用条例》等有关法律、行政法规，结合本省实际，制定本条例。

第二条 本省行政区域以及毗邻海域内的电力规划与建设、生产与交易、运行安全、供应与使用和电力设施保护以及相关监督管理活动，适用本条例。

第三条 电力事业发展应当坚持统筹规划、安全高效、清洁低碳、适度超前的原则，保障电力供需平衡，构建电源、电网、负荷、储能协调互动的新型电力系统，推进碳达峰碳中和。

第四条 县级以上人民政府应当加强对电力事业的领导，将电力事业纳入国民经济和社会发展规划纲要，推动能源绿色低碳转型和电力数字化改革，协调、解决电力事业发展中的重大事项。

乡镇人民政府、街道办事处应当按照规定职责做好本辖区内的电力相关工作。

第五条 县级以上人民政府发展改革（能源）主管部门（以下称电力管理部门），按照规定权限负责本行政区域电力规划与建设、生产与交易、运行安全、供应与使用和电力设施保护的监督管理工作。

国家能源主管部门地方派出机构按照国家规定职责负责相关电力监督管理工作。

县级以上人民政府其他有关部门按照职责分工做好电力相关工作。

第六条 县级以上人民政府及其电力管理部门、电力企业应当加强节约用电、安全用电知识的宣传教育，增强公众节约用电、安全用电意识。

新闻媒体应当加强节约用电、安全用电宣传报道，发挥舆论引导和监督作用。

第七条 电力企业应当依法经营，为用户提供安全、高效、便捷的电力服务。电力企业和电力设施所有人、管理人应当加强电力建设和电力设施、电能保护工作，依法制止危害电力建设、电力设施安全运行以及扰乱供用电秩序的违法行为。

用户应当依照法律、法规规定和合同约定安全、有序用电，不得损害社会公共利益和他人合法权益。

第八条 省电力管理部门应当与相关省、自治区、直辖市有关部门以及电力企业建立省际送受电和安全管理沟通协调合作机制，共同维护良好的电力协作、电力安全环境和秩序，提升电力供应能力。

第二章 电力规划与建设

第九条 省电力管理部门根据全省国民经济和社会发展的需要，组织编制全省电力发展规划，报省人民政府批准。

县级以上人民政府电力管理部门可以根据全省电力发展规划，组织编制电力设施空间布局专项规划，经同级自然资源主管部门审查后，报本级人民政府批准。

电力设施空间布局专项规划的主要内容纳入设区的市、县（市）国土空间详细规划。

第十条 编制电力发展规划和电力设施空间布局专项规划（以下统称电力相关规划），应当以国家和省能源规划为指导，以构建新型电力系统为目标，遵循安全可靠优先、开发节约并举、生态环境友好、能源结构优化、科技创新驱动的原则；协调衔接市政建设、人民防空、交通运输、农业、水利、林业等其他专项规划。

编制电力相关规划应当注重提升数字化、智能化和自动化水平，提高电网与发电侧、用户侧交互响应能力，增强电网对新能源和多元主体的接纳能力；优化电力设施布局，适当提高建设标准，增强抵御自然灾害能力。

编制电力相关规划应当广泛征求政府部门、电力企业、社会公众和专家的意见，进行科学评估论证。

第十一条 经依法批准的电力相关规划，任何组织和个人不得擅自修改；确需修改的，应当按照本条例规定的制定程序报原批准机关批准。

第十二条 县级以上人民政府及其自然资源主管部门应当按照国土空间规划和电力相关规划要求，配置或者预留相应的电力设施用地、架空电力线路走廊、陆上电缆通道、水底电缆（含海底电缆，下同）通道等空间资源。

电力建设项目应当符合电力相关规划和国家产业政策，按照规定报经批准、核准或者报送备案。

第十三条 县级以上人民政府及其有关部门应当对电力建设项目建设过程中涉及的土地利用、廊道落实、水域使用、施工条件、施工秩序保障等事项予以协调、支持。

电力建设项目涉及土地、房屋征收的，依照土地、房屋征收有关法律、法规的规定征收并给予补偿。

架空电力线路走廊（包括杆、塔基础）和地下电缆通道建设不实行土地征收。杆、塔基础占用的土地，电力设施建设单位应当给予一次性经济补偿。具体补偿办法和标准，由设区的市、县（市、区）人民政府制定。

第十四条 电源发展应当综合考虑碳达峰碳中和目标、资源条件、供需形势等因素，构建多元协同发展的清洁能源供应体系，合理发展支撑性、保障性清洁高效煤电和气电，安全、有序发展核电，积极发展水能、太阳能、风能、生物质能等可再生能源发电。

第十五条 新建公共机构建筑和工业厂房应当按照国家和省规定安装分布式光伏发电设施。分布式光伏的发电量可以按照规定抵扣建筑能耗量或者工业企业用能总量。

住房城乡建设、发展改革、自然资源、财政、机关事务管理等部门，应当共同推进已建公共机构建筑和工业厂房安装分布式光伏发电设施。

第十六条 储能发展应当根据提高电力系统调节能力的要求，结合地区资源优势合理布局抽水蓄能电站和各类新型储能项目，引导储能安全、有序、市场化发展。

第十七条 对已按照法定程序核准或者备案的电源项

目、储能项目，供电企业应当负责电力配套工程的投资建设，并与电源项目、储能项目同步开展电力配套工程的设计、施工，保障配套工程与电源项目、储能项目同时投入使用。

投资主管部门核准电源项目、储能项目前，应当就电源项目、储能项目的电网接入方案征求供电企业的意见。

第十八条 新建500千伏以上架空电力线路的，电力线路不得跨越居民住宅和危及电力线路安全的建筑物、构筑物；确实无法避开需要跨越的，应当对相关建筑物、构筑物依法征收并给予补偿。

新建的220千伏以下架空电力线路需要跨越居民住宅或者危及电力线路安全的建筑物、构筑物的，电力设施建设单位应当按照国家相关技术规范采取安全措施，确保跨越距离符合安全标准。因保证安全距离要求，需要对相关建筑物、构筑物进行改造或者限制其正常使用的，应当根据实际损失给予相应补偿；确实无法满足安全距离要求的，应当对相关建筑物、构筑物依法征收并给予补偿。

第十九条 建设单位铺（敷）设海底电缆的，应当依法办理路由调查勘测、海域使用、环境影响评价、施工许可等手续；需要利用无居民海岛的，依法办理无居民海岛使用手续。

因铺（敷）设海底电缆，需要占用渔业养殖等海域，或者需要迁移、改造渔业养殖等设施的，建设单位应当依法给予相应补偿。

第二十条 电力设施与公用工程、绿化工程和其他工程在新建、改建或者扩建中相互妨碍时，有关单位应当按照相关规定协商，就迁移、采取防护措施和补偿等有关问题协商一致后方可施工。协商不一致的，由县级以上人民政府按照规划建设在先项目优先、保障安全的原则协调解决。

公路、城市道路、城市地下综合管廊、公用涵道、隧道、桥梁等公共基础设施的规划和建设，应当结合电力设施空间布局专项规划，设置或者预留相应的电缆通道。

第二十一条 任何单位和个人不得实施下列危害电力设施建设的行为：

（一）非法侵占因电力设施建设已被依法征收或者征用的土地；

（二）损坏或者擅自移动、涂改、拔除与电力设施建设相关的测量、安全警示标志；

（三）破坏在建电力设施以及用于电力设施建设的设备和器材；

（四）破坏或者截断用于保障电力设施建设的道路、水源、电源、气源、通讯网络等；

（五）其他危害电力设施建设的行为。

第二十二条 新建住宅小区的开关站、配电站应当分室独立设置，并设在地面一层以上。在地面下沉基坑中设置开关站、配电站的，应当采取相应防水和排水措施。配电站与住宅之间的距离应当符合消防安全和噪音防治标准要求。

住宅小区内需要增加配套电力设施的，配套电力设施的选址方案由业主委员会或者其他法定主体与供电企业协商确定，并提交业主大会表决通过。

第二十三条 电力管理部门或者当地人民政府确定的其他电动汽车充电设施主管部门，应当会同住房城乡建设、自然资源、交通运输、消防救援、市场监督管理、人民防空、通信管理等部门，统筹推进电动汽车充电设施规划、建设、改造与运营维护，建立数字化充电设施监管平台。

省住房城乡建设主管部门应当会同有关部门，制定电动汽车充电设施建设和运营维护地方标准、技术规范。

第二十四条 新建、改建或者扩建住宅小区、公共建筑、公共停车场，应当按照规定同步建设电动汽车充电设施或者预留充电设施建设条件。新建、改建或者扩建码头工程，应当按照规定建设船舶充电设施。

鼓励、支持已投入使用的住宅小区、公共建筑、公共停车场建设电动汽车充电设施。

第二十五条 对电动汽车公共充电设施建设、运营给予财政补贴的，补贴政策应当明确设施运营年限、维护责任以及违反规定期限停用或者拆除设施的相应责任。电力管理部门或者当地人民政府确定的其他电动汽车充电设施主管部门，应当根据补贴政策与设施经营者签订书面合同，并监督履行。

第三章　电力生产与交易

第二十六条　电力企业应当坚持安全第一、预防为主、综合治理的方针，建立健全电力安全风险分级管控和隐患排查治理双重预防等安全生产制度，实行全员安全生产责任制，落实安全生产主体责任，履行安全生产法律、法规规定的安全生产职责。

第二十七条　电力企业应当推广应用先进适用的新技术、新材料、新工艺、新设备，加强高效发电、高比例新能源输电等技术应用，节约能源，降低损耗。

鼓励高等院校、科研机构等单位开展新型电力系统关键技术的科学研究和创新。

第二十八条　电源、储能等项目符合国家规定的并网条件、并网标准的，供电企业应当在规定期限内提供并网服务，不得擅自提高或者降低并网标准。

供电企业应当与电源、储能等项目业主签订并网协议，明确双方权利和义务；双方达不成协议的，由省电力管理部门协调决定。国家对协调决定职责另有规定的，从其规定。

电源、储能等项目业主应当按照国家相关技术标准和规范要求保障电网安全，不得私自并网。

第二十九条　供电企业应当提高电网智能化水平，增强消纳可再生能源电力的能力。

供电企业应当优先调度可再生能源发电，全额收购其电网覆盖范围内符合并网标准的可再生能源电源项目的上网电量，按照国家和省相关规定及时、足额结算款项。

鼓励可再生能源发电企业通过自建、租赁、购买储能设施或者购买储能容量的方式，增强其调峰上网能力。

第三十条 省人民政府应当推动建立健全统一开放、竞争有序、安全高效、治理完善的电力市场体系；省电力管理部门应当加强对电力交易机构运行的监督管理，推进电力交易信息的公开、透明。

电力交易机构负责电力交易平台的建设、运营和管理，为电力市场主体提供规范、公开、透明的电力交易服务，引导电力市场主体有序参与电力市场交易。

第三十一条 完善市场化电价形成机制和电力中长期、现货交易机制，建立健全微电网、存量小电网、增量配电网与公用大电网之间的交易结算、运行调度等机制。

分布式光伏发电、分散式风能发电等电力生产企业可以与周边用户按照规定直接交易，具体办法由省电力管理部门制定，报省人民政府批准。

售电公司依法参与电力市场交易。售电公司注册、运营和退出、信用评价等具体管理事项，按照国家和省有关规定执行。

第三十二条 供电企业应当为电力市场主体提供公平的电网接入服务、输配电服务、电费收付结算和市场清算服务，按照国家和省价格主管部门核定的价格标准收取输配电费用。

第三十三条 供电企业、电力生产企业、售电公司应当按照电力市场交易规则向用户及时提供电力交易有关的用电量、电价和电费等信息，并对所提供信息的真实性、准确性负责；用户对信息有异议的，应当及时予以处理和答复。

电力交易机构、电网调度机构应当公平对待电力市场主体，无歧视披露有关信息。供电企业应当向售电公司披露该售电公司用户的用电量信息。

第四章 电力运行安全

第三十四条 电力管理部门、电力企业应当提高电力负荷预测能力，建设电力负荷管理系统，开发需求响应、有序用电、超电网供电能力限电、供电事故限电、可中断负荷等管理应用程序，加强用户用电监测，提升电力负荷精细化管理水平，促进电力系统安全稳定运行。

第三十五条 在电力供需不平衡的情况下，电力管理部门、供电企业可以通过电力需求响应机制，采用市场化手段引导用户主动增加或者减少用电负荷。对参与需求响应的用户，按照规定给予补偿。

第三十六条 在预测电力供应不足、通过需求响应仍不能保障电力供需平衡的情况下，县级以上人民政府及其电力管理部门、供电企业可以通过执行有序用电的方式，控制部分用户用电需求。

电力管理部门应当根据国家有关规定和电力供需平衡预测，组织编制年度有序用电方案，报本级人民政府批准后向社会公布。

供电企业应当按照有序用电方案，制定具体实施计划。

第三十七条 编制有序用电方案应当符合下列规定：

（一）采用先错峰、后避峰、再限电的顺序；

（二）确保城乡居民生活用电，医院、学校、军事、金融、交通运输站（场）、农业生产、广播电视、国家机关、大型数据中心等重要单位或者领域用电，以及公共场所的安全保障用电；

（三）重点限制有列入国家淘汰类或者限制类产品（工艺、技术）、单位产品能耗高于能耗限额标准、高耗低效等企业用电以及景观照明用电。

有序用电方案报送审批前，电力管理部门应当将方案草案予以公示，征求用户意见。公示的时间不少于七日。

第三十八条 执行有序用电仍不能保障当日电力供需平衡的，电网调度机构可以按照经批准的超电网供电能力限电序位表进行限电。

电力管理部门应当参照有序用电方案编制原则，组织编制年度超电网供电能力限电序位表，报本级人民政府批准。

第三十九条 电力管理部门应当组织编制年度供电事

故限电序位表，报本级人民政府批准。发生供电事故时，电网调度机构可以按照经批准的限电序位表进行限电。

供电事故所需限电数量超出事故限电序位表容量时，电网调度机构应当按照国家有关安全和应急管理的规定进行处置。

第四十条 执行有序用电或者因超电网供电能力、供电事故进行限电的，供电企业可以按照规定程序启动可中断负荷。

本条例所称可中断负荷，是指在电力供应不足的情况下，供电企业通过电力负荷控制装置可以直接中断而不产生人身伤害和不影响用户用电设施设备安全的部分负荷。

第四十一条 工商业用户新建、扩建受电工程项目的，供电企业与用户应当在受电工程项目设计环节，按照规定范围共同确定可中断负荷的设施设备。对已确定的可中断负荷的设施设备，工商业用户应当设置单独的供电回路，供电企业应当在该供电回路上安装电力负荷控制装置。电力负荷控制装置应当与受电工程项目同步验收和启用。

对工商业用户的存量受电工程项目，供电企业与用户签订可中断负荷书面协议后，可以按照协议安装电力负荷控制装置。

工商业用户未经供电企业同意不得拆卸或者停用电力负荷控制装置。供电企业应当定期做好电力负荷控制装置的运行监测和维护。

省电力管理部门应当根据工商业用户的不同类型和用电特性，明确可中断负荷的范围。

第四十二条 县级以上人民政府应当建立健全大面积停电事件应对工作机制，制定应急预案并定期组织开展应急演练，指挥、协调本行政区域大面积停电事件应对工作。

电力企业应当按照国家有关规定，制定本企业应对大面积停电事件的应急预案并定期组织演练。

发生大面积停电事件的，县级以上人民政府应当按照保证重点、减少危害的原则，优先保障主电网安全。供电企业依法予以先期处置，控制事故影响范围，及时恢复供电。

第四十三条 电力企业应当按照国家网络安全、数据安全和个人信息保护的要求，做好信息安全相关工作，并定期开展检测和评估。

任何单位和个人不得攻击、侵入、破坏电力工业控制系统和电力信息网络，不得干扰信息网络正常功能，不得窃取、泄露或者篡改电力企业和用户网络数据。

电力企业应当根据相关法律、法规的规定，将电力相关数据纳入公共数据范围，并按照规定予以共享、开放。

第五章　电力供应与使用

第四十四条 供电企业应当对供电营业区内的各类用

户提供电力普遍服务，保障基本供电。

县级以上人民政府对供电企业履行普遍服务义务可以按照规定予以相应补偿。

第四十五条 供电企业应当合理设置业务办理网点，简化业务办理流程，并在其营业场所醒目位置公示用电办理程序、服务规范、收费项目和标准。

供电企业应当公布统一服务电话，保持二十四小时畅通并受理用户的用电业务咨询、报修、投诉等。

第四十六条 供电企业应当按照规定期限办理用电业务。居民用户装表接电的期限，自报装申请之日起不超过五个工作日；非居民用户装表接电的期限，自受电装置检验合格并办结相关手续之日起不超过三个工作日；特殊情况无法按期办结的，应当及时向用户说明原因。

第四十七条 发生供电故障的，供电企业应当迅速处理，及时恢复正常供电。供电企业工作人员到达现场抢修的期限，自接到报修起，城镇建成区内不得超过一小时，交通不便的山区、海岛地区不得超过四小时，其他区域不得超过两小时。因天气、交通等特殊原因无法在规定期限内到达现场的，应当及时向用户说明原因。

第四十八条 同一住址共同居住生活的居民人数较多的，可以按照省有关规定申请增加阶梯电量基数或者申请执行居民合表电价。

省价格主管部门应当按照国家规定优化完善居民生活用电阶梯价格以及峰谷电价机制。

省电力管理部门应当会同有关部门制定小微企业和小微企业园区用电政策，支持小微企业发展。

第四十九条 商品交易市场、商业综合体、商业办公用房、产业园区等转供电主体向工商业用户转供电的，不得收取除电费和省规定的损耗费用外的其他费用。

第五十条 供电企业对用户抄表收费，应当以经依法检定合格并正常运行的用电计量装置的记录作为结算收费依据。供电企业应当运用网络通信等技术手段，实行远程抄表、计费。

用户对用电计量装置准确性有异议且不认可现场检测结果的，可以委托计量检定机构进行检定；供电企业应当及时与用户就更换用电计量装置时间、计量检定机构、送检程序等达成协议并按照约定送检。

依照前款规定送检的用电计量装置经检定合格的，检定费用由用户承担；用电计量装置经检定不准确的，检定费用由供电企业承担，并按照国家和省规定退补电费。

第五十一条 供电企业不得有下列损害用户权益的行为：

（一）无法律、法规依据，拒绝或者中断向用户供电；

（二）未按国家电能质量标准供电；

（三）未按国家和省核定的电价计收电费；

（四）为用户安装的用电计量装置未经检定合格或者不能满足电力交易的技术要求；

（五）为用户受电工程指定设计单位、施工单位和设备材料供应单位；

（六）其他损害用户权益的行为。

第五十二条 有下列情形之一的，供电企业可以中断供电，对中断供电造成的损失不予补偿：

（一）供电企业执行行政机关、司法机关依法作出的停电指令的；

（二）火灾、水灾等灾害发生后，灾害现场总指挥根据救灾需要，作出截断电力输送、限制用电决定的；

（三）用户窃电的；

（四）有序用电期间，用户未按有序用电要求控制负荷，且经供电企业通知后无正当理由仍不改正的；

（五）用户注入电网的谐波电流超过国家规定标准，或者用户的冲击负荷、非对称负荷对电能质量产生干扰与妨碍，经供电企业通知后仍不改正的；

（六）用户未按县级以上人民政府有关部门、供电企业安全检查时提出的整改意见消除安全隐患，可能严重影响电力安全的；

（七）其他严重影响电力安全，确需中断供电的情形。

供电企业依照前款第一项至第四项规定中断供电后，应当在两个工作日内报告本级电力管理部门；依照前款第五项至第七项规定中断供电的，应当事先报经本级电力管理部门批准。供电企业中断供电前，应当按照国家规定的程序区分不同情形事先通知用户。

第五十三条 供电企业对特定用户中断供电不得影响

其他用户的正常用电，不得损害社会公共利益或者危害公共安全。

引起中断供电的原因消除后，供电企业应当及时恢复供电。

第五十四条　电力设施的运行维护管理以及安全责任范围的分界点，依照法律、法规的规定确定；法律、法规没有规定的，按照供用电双方的约定确定。

第五十五条　物业管理区域内依法属于全体业主共有的供配电设施，经业主大会决定可以移交给供电企业。建设单位与业主签订的新建商品房销售合同中约定共用供配电设施移交给供电企业的，共用供配电设施在竣工验收合格后，由建设单位移交给供电企业。

供配电设施依照前款规定移交给供电企业的，供电企业应当接收，并承担维修、更新、养护责任。供配电设施移交给供电企业前，其维修、更新、养护责任由产权人承担。

第五十六条　供电企业应当对其负有安全责任的电力设施定期检修或者试验，及时消除电力运行安全隐患和电能质量问题，确保安全平稳供电。

用户对其用电设施设备的安全负责，预防安全事故发生；用电设施设备危及人身安全或者电力运行安全的，应当立即检修、停用。

第五十七条　供电企业在抄表收费、电力设施巡查中发现用电信息异常、电力设施运行异常，可能因用户用电行为或者用户用电设施设备引发的，可以对用户下列设施设备及其运行状况进行检查：

（一）受电装置中电气设备及其运行状况；

（二）保安电源配置及其运行状况；

（三）继电保护和自动控制装置、调度通信装置及其运行状况；

（四）并网电源、自备电源及其运行状况；

（五）其他需要依法检查的内容。

供电企业对用户用电设施设备及其运行状况进行检查的，应当出示有关证件，用户应当予以配合。用户用电设施设备存在用电安全隐患的，供电企业应当书面向用户反馈检查结果；用户应当及时予以消除，供电企业应当提供技术指导。

第五十八条 电力管理部门应当对用户用电设施设备定期组织检查；发现安全隐患的，应当出具书面整改通知书，并督促用户及时消除用电安全隐患。

第五十九条 发生停电可能造成人身安全事故、公共秩序混乱、较大环境污染、重要设施设备损坏或者重大经济损失的用户，以及对供电可靠性有特殊要求的用户，应当按照国家和省有关规定配备多路电源、自备电源或者采取非电性质应急安全保护措施，供电企业应当提供技术指导。

用户按照规定应当配备多路电源、自备电源而未配备，应当采取非电性质应急安全保护措施而未采取的，该用户因停电产生的损失由其自行承担。

本条第一款规定的用户范围由省电力管理部门确定；具体用户名单由设区的市、县（市、区）电力管理部门确定。

第六章　电力设施保护

第六十条　县级以上人民政府自然资源、住房城乡建设、交通运输、林业等部门实施工程建设、城市绿化、采矿等相关行政许可涉及电力设施的，应当征求同级电力管理部门的意见。

第六十一条　电力管理部门应当会同公安、自然资源、气象、林业、综合行政执法等部门和供电企业建立密集输电通道保护联合防控机制，将密集输电通道保护工作纳入所在地公共安全管理，确保密集输电通道安全稳定运行。

密集输电通道的界定按照国家有关规定执行。

第六十二条　电力设施保护范围和电力线路保护区(含架空电力线路保护区和地下、水底电缆保护区，下同)，依照《电力设施保护条例》等法律、行政法规和国家有关规定确定。

1000 千伏交流和 800 千伏直流以上的特高压电力线路保护区的宽度以及计算最大弧垂、最大风偏后的安全距离，由省电力管理部门按照国家相关技术规范确定。

第六十三条 电力建设项目取得建设工程规划许可后，县级以上人民政府应当对依法确定的电力线路保护区进行公告。

第六十四条 电力管理部门应当采取下列措施保护电力线路：

（一）在架空电力线路穿越的城镇、厂矿、学校、车站、码头、集贸市场等人口密集地段设立保护标志，并标明保护区的范围和保护规定；

（二）在架空电力线路跨越重要公路和航道的区段设立保护标志，并标明电力线路下方穿越物体的限制高度；

（三）在地下电缆沿线或者水底电缆入水（出水）处附近设立永久性保护标志，并将电缆所在位置和埋设深度书面通知有关部门。

电力设施所有人、管理人应当按照国家和省有关规定设立电力设施安全警示标志。

任何单位和个人不得破坏或者擅自移动保护标志和安全警示标志。

第六十五条 禁止在公告的电力线路保护区内种植影响电力线路安全的林木。对违反规定种植的林木，电力设施所有人、管理人可以采伐，并不予补偿。

电力线路保护区公告前在保护区内的已有林木，因自然生长影响电力线路安全的，电力设施所有人、管理人应当告知林木所有人、管理人在五日内予以修剪；林木所有人、管理人逾期未修剪的，电力设施所有人、管理人可以按照兼顾电力线路保护和林木正常生长的原则进行修剪；修剪不足以消除安全隐患的，电力设施所有人、管理人依法报经批准并按照所在地人民政府规定标准给予补偿后，可以采伐。

第六十六条 在遭遇台风、特大暴雨（雪）、地震、泥石流、冰冻等紧急情况时，对可能危及电力设施安全或者妨碍电力设施建设的林木，电力设施所有人、管理人可以先行修剪、采伐；紧急情况消除后，电力设施所有人、管理人应当及时告知林木所有人或者管理人。采伐林木的，应当按照所在地人民政府规定标准给予补偿。

依照前款规定采伐林木的，电力设施所有人、管理人应当在紧急情况消除后五日内将采伐林木情况报告所在地林业等相关主管部门。

涉及古树名木和其他濒危、稀有植物的，依照有关法律、法规的规定执行。

第六十七条 电力线路保护区与铁路线路安全保护区、公路建筑控制区、河道管理范围、水利工程管理和保护范围、航道保护范围或者石油天然气管道等重要设施保护范围重叠的，由县级以上人民政府组织相关部门依照法律、法规的规定协商划定相应保护区、控制区、管理和保护范围并公告。

第六十八条 通信、广播电视等线路设施与电力线路设施之间确需交叉跨越、搭挂的，后建方应当征得先建方的同意，并采取安全措施，保证线路安全。

第六十九条 电力设施所有人、管理人应当定期对电力设施进行巡查、检测、维护，确保电力设施的安全运行。

任何单位和个人不得妨碍、阻止电力设施所有人、管理人对电力设施进行巡查、检测、维护、抢修，不得破坏用于电力设施抢修的设备和器材。

因维护、抢修电力设施需要利用相邻不动产的，相邻不动产所有权人、管理人应当予以支持和配合。维护、抢修电力设施应当尽可能避免对相邻不动产造成损害；造成损害的，应当及时修复或者依法给予补偿。

第七十条 对于违法施工或者其他原因造成电力设施遭受外力破坏或者导致供电异常的，责任单位、个人应当按照国家有关规定向电力企业赔偿相应的经济损失。

第七十一条 禁止在海底电缆保护区内从事挖砂、钻探、打桩、抛锚、拖锚、底拖捕捞、张网、养殖或者其他可能危及海底电缆安全的海上作业。

确需进入海底电缆保护区内从事海上作业的，海上作业者应当与海底电缆所有人、管理人协商，就相关的技术处理、保护措施和损害赔偿等事项达成书面协议。

海上作业设施发生钩挂海底电缆情形的，海上作业者应当立即停止作业，并报告所在地海洋主管部门或者海底电缆所有人、管理人采取相应措施，不得擅自将海底电缆拖起、拖断或者砍断。必要时，海上作业者应当放弃船锚或者其他钩挂物。

第七十二条 任何单位和个人不得从事下列危害发电设施、变电设施安全的行为：

（一）在发电厂、变电站（所）、换流站（接地极址）围墙外侧三米内修建可能危及电力设施安全的建筑物、构筑物，种植可能危及电力设施安全的植物；

（二）在发电厂、变电站（所）、换流站（接地极址）围墙外侧五米内堆放或者焚烧谷物、草料、木材、稻秆和油料等易燃易爆或者可能危及电力设施安全的物品；

（三）在火力发电设施水工建筑物周围一百米的水域内炸鱼、捕鱼、游泳、划船以及其他可能危及水工建筑物安全的行为；

（四）以封堵、拆卸等方式破坏与电力生产运行有关的供水、排水、供电、供气、通道等设施；

（五）其他危害发电设施、变电设施安全的行为。

第七十三条 任何单位和个人不得从事下列危害电力线路以及其他电力设施安全的行为：

（一）在架空电力线路导线两侧各三百米范围内，放飞风筝或者其他空中飘移物，或者未采取固定措施敷设塑料薄膜、彩钢瓦等遮盖物；

（二）在35千伏以下架空电力线路杆（塔）基础、拉线基础外缘向外延伸五米的区域内，或者110千伏以上架空电力线路杆（塔）基础、拉线基础外缘向外延伸十米的区域内采石、取土、挖砂、挖沟、打桩、钻探或者倾倒酸、碱、盐等化学腐蚀物质；

（三）在电力线路保护区内垂钓、燃放烟花爆竹或者堆放易燃易爆物品；

（四）在电缆竖井、电缆沟道中堆放杂物、易燃易爆物品或者倾倒垃圾、酸、碱、盐及其他有害化学品；

（五）在密集输电通道范围内种植杉木林、油松等易燃树木；

（六）堆砌、填埋、取土导致电力设施埋设深度改变，或者在架空电力线路下堆砌物体、抬高地面高程、增加建筑物（构筑物）高度导致安全距离不足；

（七）未经电力设施所有人、管理人同意攀爬电力设施或者在架空电力线路杆、塔等电力设施上搭挂各类缆线、广告牌等外挂装置；

（八）排放导电性粉尘、腐蚀性气体等造成电力设施损害；

（九）未经电力设施所有人、管理人同意打开电力设施箱门、电缆盖板、电缆井盖；

（十）其他危害电力设施安全的行为。

第七十四条　在发电厂、变电站（所）、换流站上空和架空电力线路保护区内不得进行无人驾驶航空器放飞和滑翔伞、翼装飞行等活动；因农业、水利、交通运输、生态环境保护、测绘等作业需要进行相关活动的，应当征得电力设施所有人、管理人同意。电力设施所有人、管理人应当及时回复，告知相关安全技术要求。

第七章　法律责任

第七十五条　违反本条例规定的行为，法律、行政法规已有法律责任规定的，从其规定。

第七十六条　违反本条例第四十九条规定，转供电主体收取除电费和损耗费用外的其他费用的，由市场监督管理部门给予警告，责令返还违法收取的费用，可以并处违法收取费用五倍以下罚款。

第七十七条　违反本条例第六十四条第二款规定，电力设施所有人、管理人未按规定设立电力设施安全警示标志的，由电力管理部门责令限期改正；逾期不改正的，处一万元以上五万元以下罚款。

第七十八条　违反本条例第七十一条至第七十四条规定，危害电力设施安全的，由电力管理部门责令改正；拒不改正的，处二千元以上一万元以下罚款。

第七十九条　电力管理部门和其他行政管理部门的工作人员在电力监督管理工作中滥用职权、玩忽职守、徇私舞弊的，由有权机关对直接负责的主管人员和其他直接责任人员依法给予处分。

第八章　附　　则

第八十条　本条例所称电力企业，包括电力生产企业、供电企业和售电公司。其中：

（一）电力生产企业，是指依法从事电能生产，将化石能源、核能以及水能、太阳能、风能、生物质能等转换为电能的企业。

（二）供电企业，是指投资、建设、运营和维护输配电网，拥有电网资产，取得供电类电力业务许可，负责电网调度运行、提供输配电服务、向其供电营业区用户提供供电服务的企业。

（三）售电公司，是指通过电力市场进行电力交易，向用户提供售电服务的企业。

本条例所称电力市场主体，是指电力生产企业、供电企业、售电公司、用户等通过市场化方式开展电力交易的主体。

第八十一条 本条例自2023年1月1日起施行。《浙江省电网设施建设保护和供用电秩序维护条例》同时废止。